NOS PASSOS DE MARIA

Coleção **Nos passos de...**

- *Nos passos de Abraão*, Luiz Alexandre Solano Rossi
- *Nos passos de Maria*, idem
- *Nos passos de Moisés*, idem
- *Nos passos de Pedro*, idem
- *Nos passos do profeta Jeremias*, idem

LUIZ ALEXANDRE SOLANO ROSSI

NOS PASSOS DE MARIA

PAULUS

Direção editorial: Zolferino Tonon
Revisão: Iranildo Bezerra Lopes
        Thiago Augusto Dias de Oliveira
Diagramação: Ana Lúcia Perfoncio
Capa: Marcelo Campanhã
Impressão e acabamento: PAULUS

Dados Internacionais de Catalogação na Publicação (CIP)
(Câmara Brasileira do Livro, SP, Brasil)

Rossi, Luiz Alexandre Solano
    Nos passos de Maria / Luiz Alexandre Solano Rossi. – São Paulo: Paulus, 2010.
    Coleção Nos passos de...

    ISBN 978-85-349-3223-3

    1. Maria, Virgem, Santa - Culto I. Título.

10-08633   CDD-232.91

Índice para catálogo sistemático:
1. Maria, Mãe de Deus: Devoção: Cristianismo 232.91
2. Nossa Senhora: Devoção: Cristianismo 232.91

 Seja um leitor preferencial **PAULUS**.
Cadastre-se e receba informações sobre nossos lançamentos
e nossas promoções: **paulus.com.br/cadastro**
Televendas: **(11) 3789-4000 / 0800 016 40 11**

1ª edição, 2010
6ª reimpressão, 2020

© PAULUS – 2010

Rua Francisco Cruz, 229 • 04117-091 – São Paulo (Brasil)
Tel.: (11) 5087-3700
paulus.com.br • editorial@paulus.com.br

ISBN 978-85-349-3223-3

APRESENTAÇÃO

ℰℭ

Você está diante de um livro especial. O propósito dele é ajudá-lo(a) a caminhar a partir do jeito de ser, viver e sentir de Maria. Vivemos uma época em que muitos personagens que se apresentam como modelos são, na verdade, figuras caricatas que não acrescentam nada à vida. Maria é o modelo mais bem-acabado de como podemos viver intensamente como filhos e filhas de Deus. Nela, podemos repousar e sentir tanto a segurança diante dos desafios que temos pela frente, quanto o cuidado das mãos ternas da Boa Mãe quando diante de alguma aflição.

Penso que *Nos passos de Maria* traz uma pergunta inevitável a todos nós: Em seus passos, que faria Maria? Imagino que essa pergunta poderia modificar completamente o comportamento de cada um de nós porque, de certa forma, antecipa a partir de Maria o que deveríamos fazer, pensar, sentir. Você já parou para pensar na quantidade de coisas que fazemos durante um dia (pense apenas num dia) que não tem relação alguma com Maria?

O livro foi pensado para ser utilizado de forma diária e constante. Você pode utilizá-lo como um livro devocional para ler, meditar e rezar antes de iniciar seu dia repleto de atividades e, dessa forma, se sentir revigorado para mais um dia de vida. Mas, muito além disso, é também um livro para atividades de retiro, seja individual ou coletivo, a fim de vivenciar a espiritualidade mariana. Entre os muitos sons e vozes que escutamos no decorrer do dia, necessitamos, urgentemente, separar tempo para ouvir a voz de Maria. Acredito que muitos se acostumaram com ruídos em suas vidas e, por causa disso, perderam a sensibilidade e não conseguem mais ouvir "as coisas do alto e do coração".

A cada dia, você terá contato com um texto bíblico que faz referência a Maria. O texto bíblico serve como iluminação. É o nosso ponto de partida e a bússola que nos guia. Em seguida, você encontrará a meditação. Mas lembre-se: meditar não é apenas ler com os olhos. Não adianta ler rapidamente para esquecer o que foi lido nos minutos seguintes. Quem lê com o coração aquece a vida e ilumina os próprios passos. E, finalmente, a oração do dia. Todavia, não uma oração para ser feita uma única vez ao dia. Ao contrário, uma oração para acompanhá-lo(a) durante todo o dia. Para tanto, existe a necessidade de "orar sem cessar".

Nos passos de Maria coloca você diante de Maria por 30 dias. Que esses dias possam fazer diferença em você e que, a partir deles, você desfrute das bênçãos e da proteção de Maria.

Luiz Alexandre S. Rossi

1º Dia
INSPIRAÇÃO

༄༅

Mateus 1,18
A origem de Jesus, o Messias, foi assim:
Maria, sua mãe, estava prometida em casamento a José e,
antes de viverem juntos,
ela ficou grávida pela ação do Espírito Santo.

Mensagem

Uma das imagens mais belas do Espírito Santo é aquela em que ele é mostrado como se fosse um vento. E, entre tantas possibilidades que vêm à mente, o vento pode ser visto como movimento e, portanto, ação. Não há passividade no Espírito e, de forma consequente, todas as pessoas com as quais ele tem contato são levadas ao movimento e à transformação. Onde o Espírito chega, a passividade diz adeus e se instala de forma absoluta o desejo de mudar.

Maria ficou grávida porque o Espírito agiu sobre ela. A partir desse momento, Maria passaria pela maior das mudanças que não poderia sequer sonhar. Jamais alguém foi transformado de tal forma e magnitude quanto Maria. Até então, ela se encontrava presa aos afazeres do cotidiano de qualquer mulher de seu tempo. Mas, quando Maria percebe o vento novo que sopra em sua direção, se conscientiza de que está na hora de ser e de viver como uma nova mulher.

O transcendente toma conta de Maria. Ela está grávida não de um projeto humano, mas de um projeto que vem do alto e que é maior do que ela mesma. O maior de todos os projetos coube adequadamente no ventre de Maria. A beleza de Deus se manifesta na grandeza de seus projetos que nascem dentro de nós e que devem ser gestados para o mundo.

A ação do Espírito em Maria fez toda a diferença. Ela nunca mais seria a mesma. Sua vida estava irremediavelmente marcada e selada pela ação do Espírito. Seu ventre havia sido escolhido para abrigar o poder de Deus feito criança.

Penso na passividade que marca muitos de nós. Geralmente, reclamamos da monotonia e do cotidiano, que se repete à exaustão, cansando-nos e nos levando ao desespero da depressão. Esse ciclo interminável das mesmas coisas que se repetem nos constrange a ficar parados, como se não houvesse mais caminhos a trilhar.

A mudança que alterou a rotina de Maria tem nome: Espírito Santo. Ela ficou cheia da maior de todas as forças e, por isso, desse encontro, ela saiu fortalecida. Seu cotidiano não estaria mais marcado pela mesmice, mas sim pela poderosa revolução que Deus estava fazendo em sua vida. Maria era uma mulher que vivia no Espírito Santo e, por isso, sua vida estava marcada pela suavidade do vento que refresca a vida, mas que também provoca as mais fundamentais mudanças em nosso modo de ser e de viver.

Nossa passividade está em relação direta com a nossa falta do Espírito. Não podemos e muito menos devemos colocar o Espírito Santo em grades. O lugar dele é dentro de nós. Podemos dizer que a maior e mais fundamental das revoluções tem início a partir do momento em que dizemos: "Vem, Espírito Santo, vem habitar em minha vida!".

Oração do dia

"Senhor, que, à semelhança de Maria,
seu Espírito Santo também possa habitar meu coração
e transformar a minha vida."

2º Dia
INSPIRAÇÃO
ಬಂಛ

Mateus 1,22

Tudo isso aconteceu para se cumprir o que o Senhor havia dito pelo profeta:
"Vejam: a virgem conceberá e dará à luz um filho.
Ele será chamado pelo nome de Emanuel,
que quer dizer: Deus está conosco".

Mensagem

A história que vivemos não é apenas a nossa história. É também a história de Deus e, muito mais do que isso, a história que esse Deus escreve para nos salvar: a história da salvação. Muitas vezes reduzimos, egoisticamente, tudo a nós mesmos. Pensamos em "minha história", em "minha biografia", enquanto Deus está pensando na história que envolve a todos e, aliás, na própria história d'Ele.

Os profetas já anunciavam que uma virgem daria à luz um filho. Mas às vezes penso que compreendemos de forma inadequada essa frase. Corremos o risco de pensar que tudo já estava predeterminado e que Maria foi apenas uma peça a mais no grande quebra-cabeça que Deus estava montando. Dessa forma, reduzimos Maria a uma mera peça que foi manipulada.

Não, Maria não nasce pronta e acabada. Ela passa por situações difíceis e desafiadoras, que vão contribuindo para o seu crescimento na fé. Ela estava sempre em processo. Ela mesma não se via apenas como o fruto de uma profecia, mas sim como uma mulher que precisava se construir e se formar para cumprir uma missão. Assim como Maria, não nascemos prontos. Essa compreensão faz com que olhemos para nós mesmos como eternos aprendizes que caminham em direção a Deus.

As palavras do profeta apontam para o futuro. No entanto, é Maria que decide a respeito do seu presente. Ela conhece as palavras proféticas do passado, mas precisa ler essas mesmas palavras para o seu presente. Ao interiorizar a palavra de Deus e dela se alimentar, se descortinam uma nova realidade e uma nova percepção da vida. Ela sabe que Deus não falou somente para o passado. Para ela, Deus é um Deus do presente e, por isso, procura essa voz ressoando no presente dela.

A beleza dessa compreensão reside no nome da criança: Emanuel, que significa "Deus está conosco". A percepção mais pura e cristalina de que Deus não se esconde e age no passado, que se encontra agindo no presente de Maria e de todos nós. Afinal, até hoje, quando pronunciamos "Emanuel", estamos, como Maria, afirmando que Deus está conosco. É Maria nos ensinando a nos libertar do passado e a encontrar Deus agindo em nosso presente.

Em Maria, Deus sempre é conjugado no presente e isso fez uma diferença fundamental na maneira de ela viver e sobreviver em meio às dificuldades que se apresentavam diariamente.

Oração do dia

"Senhor, muitas vezes não enxergo sua boa mão
agindo em meu presente.
Penso nostalgicamente em suas ações no passado
e me esqueço de que o Senhor continua a agir.
Peço-lhe: aja poderosamente no hoje da minha vida."

3º Dia
INSPIRAÇÃO
ಸಂ‌ರ

Mateus 2,11

Quando entraram na casa,
viram o menino com Maria, sua mãe.

Mensagem

Uma visão, que bem poderia ser compreendida como a mais comum para todos nós, reveste-se de uma força que tem o poder de nos contagiar e, dessa forma, nos conduzir por caminhos de novas e melhores práticas.

Maria está em casa com seu filho. Uma imagem que para muitos em nossa sociedade, sejam mães ou pais, se tornou fugidia. Ela está em casa e usa de seu tempo de forma sábia e com qualidade. Vive com qualidade ao lado de seu filho.

Hoje dizemos: "não temos tempo" e, com isso, vivemos relações de profunda falta de qualidade com os nossos filhos e filhas. Vivemos mais fora do que dentro de casa. Muitos saem pela manhã, quando os filhos estão dormindo, e somente voltam à noite, quando os filhos já se recolheram. Não se veem e, consequentemente, comprometem a qualidade do relacionamento com seus filhos. Se administramos o tempo de forma inadequada, ele age contra nós e, quando percebemos, nossos queridos filhos(as) cresceram sem que tivéssemos consciência desse fato. Precisamos de tempo e, talvez muito mais do que isso, precisamos priorizar o que realmente possui valor para todos nós: os filhos(as).

Não há nada que substitua o contato da mãe e do pai com seus filhos e filhas. Por isso, Maria se faz presente. Não é uma mãe ausente. Sua presença é forte, constante, carinhosa e fundamental para que seu filho cresça num ambiente sadio. Ao ressaltar que "viram o menino com Maria", o texto bíblico deseja enfatizar que a qualidade dos relacionamentos bem construídos é feita a partir do tempo que dedicamos às pessoas que amamos.

É impossível amarmos com qualidade se não estamos presentes. O próprio Deus conhecia esse princípio ao escolher o nome para seu filho: Emanuel, ou seja, Deus conosco. Para amar e continuar amando, precisamos nos encontrar e "gastar" o tempo juntos. Maria é o "Emanuel" para seu filho e, da mesma forma, deveríamos ser o "Emanuel" para nossos filhos e filhas.

Oração do dia

"Ó, Virgem Maria,
assim como se fazia presente na vida de seu filho,
faça-me presente na minha vida.
Ensine-me a ser presença constante na vida
daqueles que amo."

4º Dia
INSPIRAÇÃO

⛤⛤

Mateus 2,13 e 19-20

Depois que os magos partiram, o Anjo do Senhor apareceu em sonho a José e lhe disse: "Levante-se, pegue o menino e a mãe dele e fuja para o Egito! Fique lá até que eu avise. Porque Herodes vai procurar o menino para matá-lo". Quando Herodes morreu, o Anjo do Senhor apareceu em sonho a José, no Egito, e lhe disse: "Levante-se, pegue o menino e a mãe dele e volte para a terra de Israel, pois já estão mortos aqueles que procuravam matar o menino".

Mensagem

Vejo Maria como uma mulher que está sempre a caminho. Nela, vejo disposição para fazer do caminho uma nova etapa em seu processo contínuo de ser uma nova mulher. Ela vive como que driblando os caminhos de morte e viabilizando caminhos de vida.

Maria é corajosa e sabe ler os sinais dos tempos, ou seja, interpreta adequadamente as situações e, diante delas, toma posições. Em alguns momentos, é preciso recuar diante das forças ameaçadoras e, em outros períodos, se faz necessário voltar ao ponto de origem. De qualquer forma, Maria é uma extraordinária intérprete do dia a dia, e nisso reside a diferença entre viver e morrer.

Entre o Egito e Israel se encontra a vida e, sem sombra de dúvida, a vida precisa ser necessariamente protegida. Maria está consciente de que a vida é construída a partir de desafios. Certamente, ela gostaria que tudo caminhasse bem para ela e sua família. Algumas questões poderiam até mesmo passar por sua cabeça: "Por que os Herodes da vida precisam existir?", ou: "Logo agora que as coisas pareciam calmas e tudo parecia dar certo, surge esse tal de Herodes e estraga todos os meus projetos. Isso não é justo!".

Contudo, os desafios não paralisam os pés de Maria e muito menos seus sonhos. Diante do projeto de morte de Herodes, Maria precisa pensar num projeto de vida. Permanecer na terra de Israel significava morte e, assim, ela altera seus planos a fim de salvaguardar a vida. Não existe nada mais precioso do que a vida, e protegê-la é uma das nossas maiores missões.

Maria é paciente. Sabe que os projetos de morte não prevalecem diante dos projetos de vida. Sua paciência se transforma em esperança e sua esperança torna-se força motriz que a leva a percorrer novos caminhos. Maria não desiste facilmente. Muito diferente de nós, que, diante dos obstáculos e dos reveses da vida, rapidamente desistimos. Seus olhos estão focados no próprio Deus – o Deus da vida – e com essa segurança não se deixa abalar.

Quanto tempo terei de esperar? É a famosa impaciência diante de tudo e de todos. Boa parte dos nossos problemas surge de nossa impaciência. Mas não precisamos abrigar em nossos corações um sentimento que nos leva a querer e esperar tudo de forma urgente e imediata. Você já reparou que não sabemos esperar mesmo que poucos segundos? Que poucos segundos acabam se transformando em longos momentos? Que buzinamos depois de dois segundos? Tornamo-nos irritantes, impacientemente irritantes.

Maria espera o tempo que for necessário. Tempo para ela não é problema. Li e reli a história de Maria e não a encontro irritada. Mas também percebo que ela tinha tudo para se irritar. Tantos eventos pelos quais passou e que poderiam acionar o gatilho da irritação, e nada.

Qual o segredo dessa mulher que superou os males da irritação?

Maria não se irritava porque administrava a paciência em seu coração, e um coração calmo produz reações calmas. O coração de Maria repousava em Deus, por isso, quando os "Herodes irritantes" se levantavam e procuravam desestabilizar a harmonia da vida, ela olhava para o seu firme fundamento e se acalmava.

Pessoas irritadas desestabilizam seu ambiente irritando todos aqueles que se encontram nele. É necessário trocarmos a fonte de irritação pela fonte da esperança, que se encontra em Deus.

Oração do dia

"Meu Deus,
a irritação me impede de construir um ambiente saudável.
Peço-lhe, portanto, socorro, a fim de que a suavidade
do seu Espírito coloque ordem em meu coração."

5º Dia
INSPIRAÇÃO

ಬಂಡ

Lucas 1,26
No sexto mês, o anjo Gabriel foi enviado por Deus a uma cidade da Galileia chamada Nazaré.

Mensagem

Muitas vezes, nos vemos como menos quando poderíamos nos ver como mais. Temos uma facilidade muitos grande de nos autodesvalorizar e, assim, nos vemos de forma distorcida e diminuída. Esse é um dos grandes problemas que afeta cada um de nós. Quando isso acontece, nossa autoestima fica grandemente prejudicada e nossos projetos pessoais e coletivos naufragam. Achamo-nos incompetentes e pensamos que não há nada de bom e agradável que possa ser extraído do nosso interior. Nem mesmo Deus se daria o trabalho de se preocupar conosco.

Às vezes fico imaginando que Deus não faz as coisas da forma certa. Afinal, Ele, sendo Deus e tendo um projeto de transformação radical para a vida humana, bem que poderia para isso escolher pessoas muito bem preparadas para essa tarefa. E Maria me lembra insistentemente que Deus escolhe preferencialmente os pequenos e aparentemente incapazes para iniciar seu Reino.

O problema certamente não está em Deus, e sim em nossa lógica. Apressadamente, nos vemos como incapazes e sem condições de fazer e ou realizar inúmeros projetos. Mal iniciamos algo e pensamos que depois de certo tempo iremos fracassar. No entanto, a lógica deveria ser outra, ou seja, se sou importante para Deus e se Ele me chama, então nada é por demais difícil. A capacitação vem dele e, por meio dele, a vitória diante dos desafios que Ele mesmo propõe.

Olho para Deus com certa desconfiança porque Ele insiste em me dizer que sou importante, quando meus olhos não conseguem ver o que Ele vê. Mas nosso Deus é surpreendente. Um Deus das surpresas, que nos faz olhar para o lado correto.

Um anjo é enviado por Deus a fim de procurar por Maria numa cidade de pouquíssima importância. Vejam, não se trata de uma das principais e mais importantes cidades. Não se trata de uma cidade que é reverenciada pela sua riqueza, por seus importantes habitantes ou, ainda, por sua cultura. Em Nazaré, não existe nada que valha a pena. Mas é nessa cidade que se encontra a mais revolucionária das mulheres. Ali se encontra alguém que balançará os alicerces de todo o império romano. Uma mulher que todos pensavam ser pequena, mas que se tornou grande aos olhos de Deus.

Gosto de pensar que Deus nos procura nos lugares onde nos encontramos. Não importa o local e a pessoa, e sim a disposição da pessoa. Achamo-nos pequenos demais, pobres demais, infelizes demais, incapazes demais.... enquanto Deus nos acha capacitados demais.

Na verdade, o que Maria está dizendo é uma coisa só: não adianta querer se esconder. Deus irá nos achar, não importa onde estejamos nos escondendo. Aquilo que Ele deseja que você faça é intransferível! O anjo Gabriel já recebeu de Deus uma nova missão... a de encontrá-lo(a).

Oração do dia

"Sou pequeno, Senhor,
mas minha pequenez está totalmente entregue
em suas mãos."

6º Dia
INSPIRAÇÃO

ಸಾಡ

Lucas 1,28

O anjo entrou onde ela estava e disse:
"Alegre-se, cheia de graça! O Senhor está com você!".

Mensagem

Muitas pessoas são marcadas pela solidão. E a solidão tem o poder de nos afetar de tal maneira que nos tornamos reféns da tristeza. Na verdade, solidão e tristeza são como irmãos siameses que precisam ser anulados a fim de vivermos com mais e melhor qualidade.

A presença de Deus na vida de Maria é marcada pela alegria. Imagino que essa era uma das mais belas características de Maria. Não consigo imaginá-la sem um largo sorriso em sua face. Todavia, não aquele sorriso forçado que muitas vezes acompanha nossos movimentos. A fonte inesgotável da alegria para Maria se encontrava em Deus.

Muitos são aqueles que colocam a fonte e o fundamento da alegria naquilo que é passageiro. Quantos não são aqueles que confundem a alegria com o poder de compra, ou seja, são felizes somente quando adquirem alguma coisa. E, quando não conseguem adquirir aquilo que desejam, a tristeza, que se pensava distante, novamente se torna hóspede permanente.

"Alegre-se, porque o Senhor está com você" é uma das mais completas e fundamentais afirmações que poderiam ocupar nossa mente e nosso coração. A presença de Deus fomenta a alegria e anula a solidão. Gosto de pensar que Deus é alegre e que, por isso, podemos expulsar todas as imagens de um Deus que nos castiga e que age carrancudamente.

Maria extravasa de alegria. E bem sabemos que a alegria é contagiante. Não conseguimos ficar perto de pessoas alegres sem que também fiquemos inundados com o transbordar da alegria delas. A proximidade de Deus produz alegria. Essa é uma das maiores descobertas que podemos fazer.

Qual o segredo da alegria? O segredo está relacionado com a distância que mantemos de Deus. Então, a pergunta mais correta seria: A que distância você se encontra de Deus? Se Deus é a fonte perene de alegria, quanto mais distante dele estivermos, mais infelizes seremos.

A presença de Deus traz a alegria de volta para as nossas faces e rompe definitivamente com a solidão. A certeza da presença de Deus nos ajuda a pensar que por mais escura que seja a noite que tenhamos de atravessar, não fazemos esse trajeto sozinhos, mas sim com a presença daquele que não nos deixa sozinhos, mas que caminha ao nosso lado, sorrindo.

Oração do dia

"Senhor, permita que a mesma alegria
que invadia o coração de Maria
nasça cotidianamente em meu coração,
afugentando, assim, tanto a solidão quanto a tristeza."

7º Dia
INSPIRAÇÃO

Lucas 1,29-31

Ouvindo isso, Maria ficou preocupada e perguntava a si mesma o que a saudação queria dizer. O anjo disse: "Não tenha medo, Maria, porque você encontrou graça diante de Deus. Eis que você vai ficar grávida, terá um filho e dará a ele o nome de Jesus".

Mensagem

Medos! Gostaria de viver sem sentir medo. Seria muito melhor para mim e para todos aqueles que comigo convivem. Todavia, ainda que queiramos viver sem medo, eles nos alcançam. Sim, medo existe no plural e, consequentemente, também nos afligimos de muitas e variadas maneiras. Sinto-me incomodado pelos medos que me perseguem. Quisera poder dominá-los e expulsá-los de minha vida. Porém, muitas vezes reconheço que estou emaranhado em suas teias e quanto mais me debato, mais preso fico.

Olho para Maria e a vejo preocupada. Certamente que ela tem motivos para ficar extremamente preocupada e reflexiva. Preocupações que a fazem olhar para dentro de si mesma à procura de respostas que no momento ela não pode encontrar. Chega um momento na vida em que desejamos respostas para as perguntas que fazemos. Mas também vivemos momentos em que até mesmo as respostas não são encontradas.

Preocupações também geram medos. Essa é a experiência crucial que Maria está vivendo. De repente, sua vida foi invadida por ondas de preocupação que se transformam em medo paralisante. A paralisia causada pelo medo inviabiliza a própria vida. Contudo, se os medos surgem em algum momento da vida, eles também precisam ser superados e, finalmente, expulsos.

O que nos causa medo? O que nos apavora? O que impede que sejamos mais e vivamos com mais qualidade?

Diante da paralisia causada pelo sentimento de medo que a domina, Maria ouve alto e bom som: "Você encontrou graça diante de Deus, não tenha medo". Encontrar graça é o mesmo que encontrar o favor de Deus. Deus é favorável a Maria e a todos nós. Encontrar, portanto, o favor de Deus é encontrar a força que nos liberta de todo medo e que tranquiliza nosso coração.

A graça de Deus supera nossos medos e nos remete de forma inquestionável ao seu projeto. A plasticidade do texto é reveladora: Maria está tomada de medo e, por causa dele, corre sério risco de viver uma vida estéril. No entanto, a presença de Deus lança fora o medo ao propor o esvaziamento do medo pela plenitude do Cristo. Maria aceita o favor de Deus. A partir desse momento, ela não carregará mais o medo em seu coração. Ao contrário, seu ventre carregará o Cristo que vence todos os medos e que a leva a caminhar e a viver com confiança.

Oração do dia
"Que o medo, terrível inimigo da minha vida,
seja vencido pela graça de Deus."

8º Dia
INSPIRAÇÃO

൙൚

Lucas 1,34

Maria perguntou ao anjo:
"Como isso vai acontecer,
se não vivo com nenhum homem?".

Mensagem

    Maria é uma mulher aberta ao impossível. É consciente das limitações que lhe são próprias. Mas, também, é uma mulher consciente daquilo que Deus pode realizar. Ela, em hipótese alguma, se afasta do milagre, ao contrário, caminha em direção a ele. Pode-se dizer que Maria somente viveu o milagre porque disse sim a ele.

    Todos têm limitações. Ser limitado não é demérito, mas algo próprio de todo e qualquer ser humano. Somos seres inacabados e, portanto, a plenitude não nos contempla. Olhamos para nós mesmos e vemos que nos faltam muitas coisas. E esses vazios somente podem ser completados pela ação magnífica de Deus.

    Sou limitado, mas Deus é ilimitado. É essa equação que faz toda a diferença em nossa vida. Assim como tenho a absoluta certeza das minhas limitações, também tenho absoluta certeza das não limitações de Deus e, por causa disso, me abro para o milagre.

    O milagre é o encontro do limitado com o ilimitado. Da fraqueza humana com o poder divino. Milagre é o encontro de duas partes decididamente desiguais que se unem e reúnem para nunca mais se separarem. No milagre, não deixamos de ser humanos, mas passamos a ter a certeza de que a vida de Deus está pulsando fortemente dentro de nós.

Maria conhece a si mesma, mas conhece também o Deus em que afirma a sua fé. Nenhum milagre há de acontecer se não conhecermos intimamente nosso Deus. Para muitos, Deus é um grande desconhecido. E como haveriam de vivenciar as ações grandiosas e graciosas desse Deus, se não o conhecem?

A pergunta que Maria fez é exemplar: "Como isso vai acontecer, se não vivo com nenhum homem?". A pergunta dela não revela dúvida. Apenas aponta a realidade. Indica a necessidade de um milagre. Ela não foge do encontro com Deus, apenas afirma que, a partir daquele momento, o milagre de Deus precisa intervir a fim de mudar o rumo natural da existência.

O cotidiano de Maria é invadido pelo extraordinário de Deus. Nunca mais Maria seria a mesma. Mas, para que isso acontecesse, ela precisou reconhecer suas limitações e, dessa forma, abrir-se para que Deus realizasse aquilo que somente Ele sabia fazer: que o extraordinário caminhasse nos mesmos passos da vida ordinária. Para Maria, o milagre acontece no encontro. Jamais um encontro transformou tanto uma vida quanto o de Maria com o incrível Deus dos milagres.

Oração do dia

"Deus dos milagres e dos prodígios,
venha agir em minha vida.
Ó Mãe Poderosa, dispense seu poder sobre mim!"

9º Dia
INSPIRAÇÃO

ℰℜ

Lucas 1,35

O anjo respondeu:
"O Espírito Santo virá sobre você,
e a força do Altíssimo a cobrirá com sua sombra".

Mensagem

O Espírito Santo não é propriedade privada de Deus. Ele não existe para Deus, mas sim para as pessoas e, por causa disso, ele vem! Desce sobre as pessoas para capacitá-las a ser, fazer e viver o projeto de Deus.

Força e proteção são dois elementos necessários à vida. Basta olharmos para o nosso dia a dia para percebermos como são bens preciosos e vitais para cada um de nós.

O Espírito é a força que não tínhamos. É a energia que nos faltava. A motivação que se encontrava ausente. A partir dele, somos como que revestidos com tal força e proteção que nos sentimos capazes de vencer as contradições e dores do cotidiano. Agora, com ele, não precisamos mais nos esconder com receio de tudo e de todos.

A imagem da sombra se reveste de particular importância. À sombra de Deus podemos descansar. Num mundo atribulado, vivemos vidas turbulentas e, nesse caso, Deus nos oferece a sombra que reconforta e recupera a energia que se esvaía.

Viver à sombra de Deus nos leva a desfrutar da paz e do refrigério dele, mesmo que ao redor esteja tudo muito confuso. Não há como viver sem a presença do Espírito Santo. Viver sem o Espírito é abdicar da força e da proteção. E não podemos abrir mão daquilo que pode nos capacitar a ser e a viver de uma forma completamente nova.

O Espírito vem do alto. Não é manipulável e não se encontra sob o controle de ninguém. É externo a todo ser humano. É a força de Deus que nos reveste e nos inunda com aquilo que é próprio dele. Por ser externo, dependemos dele, e ele não depende de nós. Somos e permaneceremos vazios sem ele. Seremos completos a partir dele.

Maria é tomada pela força e proteção do Altíssimo. Maria vive a partir do Espírito Santo. Ela respira o Espírito. A força de seus atos, de suas palavras e de sua fé tem início no Espírito. Maria era uma mulher do Espírito.

O sentimento de proteção é um dos sentimentos mais desejados por todos. E Maria nos indica de forma clara e incontestável que a proteção vem do alto. De onde me virá o socorro? Sabemos muito bem a resposta: o meu socorro vem de Deus. Mas, agora, um Deus que não precisamos procurar nos céus, mas que habita permanentemente em nossos corações.

O Espírito que veio sobre Maria também é o mesmo Espírito que vem sobre cada um de nós. Não há diferença! Assim sendo, se o Espírito é o mesmo, as ações também são as mesmas. Força e proteção, portanto, estão ao nosso alcance. Não podem ser imaginadas como objetos raros ou para alguns poucos afortunadas. A democracia do Espírito atinge a todos, sem exceção.

Maria inicia o mais maravilhoso dos projetos jamais vivido por uma pessoa com a maior força jamais imaginada por qualquer ser humano. O caminho dela estava marcado pela ação do Espírito de Deus no espírito dela. Está cheia do Espírito e, consequentemente, tudo o que fizer, pensar, sentir e falar será consequência do Espírito que vive nela.

Oração do dia

"Encha-me, Senhor, com seu Espírito Santo,
e que rios de água viva
possam fluir do meu interior."

10° Dia
INSPIRAÇÃO

&∞

Lucas 1,36

Olhe a sua parenta Isabel: apesar da sua velhice, ela concebeu um filho. Aquela que era considerada estéril, já faz seis meses que está grávida.

Mensagem

A dúvida não é algo raro em nossas vidas. Muitas vezes, ela surge e se aloja em nossas mentes e corações para ali fazer morada. A intenção dela é se hospedar permanentemente e, dessa forma, impedir que olhemos a situação que vivemos de outra forma. A dúvida evita um outro olhar. Aquele olhar que supera e vai além daquilo que nos prende ao chão e nos impede de alcançar novos espaços.

Dúvidas deveriam ser passageiras. A permanência delas impede que caminhemos. Quem vive em dúvidas vive preso e não consegue dar o salto de qualidade. Quando transformamos o que deveria ser provisório em permanente, renunciamos a novas possibilidades e, inertes, deixamos de crescer.

A dúvida ameaçava paralisar Maria. Todo um projeto de vida corria o sério risco de naufragar. A força da dúvida sempre parece maior e mais vigorosa. Todavia, algo inesperado aconteceu. Maria recebe uma pequena mas formidável orientação: "Olhe para a sua parenta Isabel". A solução para a dúvida estava tão perto que Maria não enxergava.

Olhe para os outros! Olhe para o que Deus está fazendo ou realizando nas pessoas que o cercam. Muitos não conseguem tirar os olhos de si mesmos, como se a realidade se resumisse neles. Olham os outros a partir de si mesmos. Julgam os outros a partir de seus próprios olhos. No entanto, a experiência de Maria nos leva a colocar nossos olhos nos outros e a enxergar o milagre que Deus está fazendo neles.

Deus não abençoa somente uma ou outra pessoa. Somos todos agraciados com a bênção do nosso gracioso Deus. Assim, em meio à dúvida que parece desertificar nosso coração, Maria nos ensina a olhar para a chuva caindo graciosamente na vida dos que nos cercam. Sinal claro e evidente de que Deus continua agindo.

Como se tudo isso já não fosse suficiente, a experiência vivida por Maria continua dessa forma: "Olhe (...) apesar de sua velhice". Que passagem bíblica preciosa! Apesar de todas as limitações possíveis e imagináveis; apesar da dúvida e da dor; apesar da falta de dinheiro e da alegria; apesar de todo o sofrimento... A vida teve mais força e transformou a realidade que se manifestava de forma inadequada.

Deus nunca para na limitação. Ele transcende-a. Vai mais além. Ultrapassa todos os limites e vence um dos maiores dos nossos temores paralisantes: a dúvida.

Em meio à dúvida, devemos procurar pelos sinais da ação de Deus. Afinal, mesmo que por momentos vivamos a noite escura da alma, em outros o sol já está brilhando com intensidade! Quando tudo parecia nublado, Maria conseguia olhar para o sol que brilhava na vida dos outros e, dessa forma, também era iluminada.

Oração do dia

"Se as dúvidas, Senhor Deus,
desestabilizam meus projetos e minha própria vida,
a exemplo de Maria, desejo olhar para a manifestação
da sua mais bela graça e poder na vida dos que me
cercam e, assim, encontrar estabilidade em você."

11º Dia
INSPIRAÇÃO

ℰᴏ⋉ℛ

Lucas 1,37
Para Deus, nada é impossível.

Mensagem

O que é algo impossível? Talvez a resposta dependa sempre do ponto de vista de quem observa. Nesse sentido, seria impossível o mais fraco derrotar o mais forte, a menos bela vencer um concurso de beleza, um atleta de fim de semana superar um atleta olímpico. Impossível, diriam!

Mas, também, muitas vezes corremos o risco de transformar o possível em impossível. Fazemos isso quando deixamos de acreditar em nós mesmos e nos vemos como fracos, fracassados, derrotados, incompetentes, sem condições de ser e de fazer. Certamente, não controlamos o impossível, mas podemos e devemos controlar aquilo que está dentro de nossas possibilidades. Sem sombra de dúvida, não somos um "zero à esquerda". Guardamos dentro de nós competências que nos fazem, todos nós, homens e mulheres especiais. Assim, tudo o que for possível fazer deve ser feito.

Mas a pergunta retorna: O que é o impossível? A pergunta ainda se faz presente e persistente. Penso que o impossível se apresenta a partir da ação de Deus. Posso, portanto, falar do Deus do impossível. Um Deus em que toda impossibilidade vira possibilidade. Em Deus não há limite. Tudo nele e por causa dele pode ser superado. "Nada é impossível para Deus" revela que Ele enxerga de uma forma diferente da nossa e que sua ação é sempre acentuadamente marcada pelo que de fato pode acontecer.

Em Deus, o impossível acontece. Afinal de contas, é impossível uma mulher engravidar sem a participação de um homem. Porém, mais impossível ainda é a grandiosidade e a infinitude de Deus caberem dentro de um ventre. Mais impossível ainda era essa mulher habitar uma região destinada a não ser nada. Mais impossível ainda é Deus se tornar humano e permanecer conosco, todos os dias, como o mais irmão de todos os irmãos.

Maria percebeu e viveu intensamente uma das maiores e mais fundamentais lições: para Deus, não há impossível; o que de fato existe é uma realidade que precisa ser transformada. Essa foi certamente a grande diferença entre Maria e todos de seu tempo: enquanto a maioria vivia na periferia do que é impossível, ela vivia inserida na realidade de Deus, que tornava possível a impossibilidade humana.

É a proximidade de Deus que garante a realização do impossível. A partir do momento em que Maria acolheu a possibilidade de Deus em meio ao impossível que vivia, podemos todos nós, a exemplo dela, adentrar novos caminhos e viver situações completamente diferentes.

Creio num Deus do impossível, e quanto mais percebo minhas limitações, muito mais a presença dele se faz urgente e necessária. A vida de Deus está tão presente em Maria que ela se tornou o exemplo mais significativo de que nada é tão difícil que Ele não possa realizar.

Oração do dia

"Creio no Deus do impossível,
que faz com que eu dependa cada vez mais dele
e cada vez menos de minhas próprias forças."

12º Dia
INSPIRAÇÃO

Lucas 1,38

Maria disse: "Eis a escrava do Senhor.
Faça-se em mim segundo a Palavra".
E o anjo a deixou.

Mensagem

Maria viveu para o serviço. Este talvez seja um dos maiores e melhores ensinamentos que podemos extrair de sua vida. Ela poderia requisitar para si tratamento diferencial e especial, afinal estava por assumir a maior de todas as missões: gerar o próprio filho de Deus. Contudo, não a vemos afetada por esse papel que Deus lhe concedeu. Ao contrário, a proximidade com Deus a faz compreender a necessidade do serviço.

Nunca veríamos Maria chegar a uma outra pessoa e dizer, por exemplo: "Você sabe com quem está falando?". A marca de sua vida era o serviço. E nada mais belo quando entendemos a profundidade da vida como serviço ao próximo. Certamente, essa característica era tão forte em Maria que influenciou de tal maneira seu filho – Jesus –, que, num de seus muitos ensinamentos, ele disse: "Eu vim para servir e não para ser servido". Possivelmente, quando disse isso, Jesus estava pensando em sua mãe.

Provavelmente, para a maioria de nós, a atitude de Maria é incompreensível. Desejamos poder para aumentar nossos privilégios e garantir, dessa forma, uma vida de destaque. Mas olhe o exemplo de Maria: a maior mulher de todos os tempos possui relativamente poucos versos na Bíblia para retratá-la. Contudo, nunca alguém que parecia tão ausente revolucionou tanto a história humana.

Invertemos a lógica mariana. Queremos que os outros, todos os outros, estejam a serviço de nossos desejos pessoais. Lutamos e nos desesperamos para que fiquem a nossos pés e façam tudo quanto ordenamos. Nada mais triste e incômodo do que essa situação. A inversão da lógica mariana nos conduz a uma estrada sem saída. Deixamos de ver a luz no final do túnel porque olhamos apenas para nós mesmos. E, pior do que isso, pensamos, erroneamente, que o outro está à nossa disposição.

Maria nos ensina a saída para um dos maiores males do nosso tempo: a manipulação. Ninguém gosta de ser manipulado, mas, ainda que saibamos que isso seja inadequado, continuamos a fazer. E quando agimos dessa forma, aprisionamos a pessoa com a qual nos relacionamos. Retiramos a liberdade dela e a fazemos refém dos nossos próprios desejos. Mas, preste atenção, quando retiramos a liberdade das outras pessoas, nós estamos, na verdade, escravizando-as. Deixamos de vê-las como um ser humano e, consequentemente, as desumanizamos. Transformamo-nas em coisas ou objetos que podem ser manipulados a nosso bel-prazer.

Aquele que não vive para o serviço gera em seu coração um pequeno faraó que deseja controlar a vida dos outros como se fosse a sua. "Serviço" pode ser uma palavra rara para você. Mas tenha a certeza de que era a palavra que mais sobressaía na vida de Maria. A partir do serviço, ela vivia a ousadia de assumir o projeto que nasceu no coração do Pai.

Oração do dia

"Meu Deus e meu Pai, ensine-me a viver para o serviço.
Meu desejo é ser usado pelo Senhor
como instrumento de sua bênção
para todos aqueles que vivem e convivem comigo."

13º Dia
INSPIRAÇÃO
ಎಂಡಿ

Lucas 1,39

Naqueles dias, Maria partiu para a região montanhosa, dirigindo-se, às pressas, a uma cidade da Judeia. Entrou na casa de Zacarias, e saudou Isabel. Quando Isabel ouviu a saudação de Maria, a criança se agitou no ventre, e Isabel ficou cheia do Espírito Santo.

Mensagem

Maria venceu as barreiras e as distâncias para desejar o bem para as demais pessoas. Para ela, não existiam barreiras intransponíveis. Na verdade, as barreiras eram vistas como algo a ser superado, e, por causa disso, a vemos caminhando em direção aos outros.

É formidável a atitude de Maria. Ela vai ao encontro das pessoas e, consequentemente, não se desvia delas. A presença junto aos outros é essencial para a construção de relacionamentos saudáveis. Ela diz não ao desvio e sim ao encontro.

Quando evitamos a outra pessoa, também negamos a ela a vitalidade que se encontra em nós. Muitas vezes, fico pensando que muitas pessoas permanecem sem uma palavra de compreensão, de inspiração, de revitalização, de motivação, simplesmente porque ficamos estáticos em nossos lugares. Negamos ao outro aquilo que temos. Escondemo-nos em nós mesmos, quem sabe com medo de partilharmos um pouco do que somos.

Maria não vive para si mesma. Sai em direção a uma região montanhosa. Sabe muito bem que precisa chegar a um destino. É mulher de metas. Possui um plano e, nesse plano, ela é protagonista da bênção de Deus para Isabel. Para ela, não importam as montanhas, mas sim o humano que está além das montanhas. Não importa o cansaço da caminhada, mas sim a vida que sua chegada inspira. Não importam os muitos afazeres, mas sim o investimento do tempo naqueles que necessitam.

A palavra de Maria é inspiradora. Mexe com todo o corpo de Isabel. Que mulher é essa que, com apenas algumas palavras, agita o interior de outra? Palavras de vida produzem vida, assim como palavras de morte produzem morte. Maria sabe que vale a pena caminhar e se desgastar se for para levar uma palavra que produza vida em abundância. Não podemos permitir que as pessoas vivam na aridez da vida quando temos condições de ser os propiciadores da chuva que orvalha no deserto de muitos corações.

Isabel, depois da visita de Maria, já não era mais a mesma pessoa. Ela teve o curso de sua vida completamente alterado porque alguém, em algum dia, resolveu sair de si mesmo e ir ao encontro dela. Nunca houve mulher tão corajosa que resolveu romper com o maior dos nossos pesadelos: sair de si mesma e caminhar em direção a uma outra pessoa para ser fonte de bênção, de alegria e da presença do espírito Santo.

A presença de Maria irradia transformação. É praticamente impossível permanecer diante dela e continuar do mesmo jeito. Isabel que o diga!

Oração do dia

"Senhor, coloque em meus pés
a mesma determinação que havia nos pés de Maria.
Não permita que eu permaneça estático,
mas que caminhe de forma determinada em direção
a todos os outros."

14º Dia
INSPIRAÇÃO

ಸಿಂಡಿ

Lucas 1,42

*Com um grande grito, Isabel exclamou:
"Você é bendita entre as mulheres,
e é bendito o fruto do seu ventre!".*

Mensagem

Isabel não podia se conter de tanta alegria. E, por isso, expressa o que o seu coração sentia: "Você é bendita entre as mulheres". Ela olha para Maria tomada de plena felicidade e anuncia que, diante dela, está uma mulher bendita e que a criança em seu ventre também é bendita. Não há espaço para limitações. Maria é duplamente privilegiada. Nela encontramos uma dupla porção da bênção, e, por que não dizer, Isabel apresenta Maria como a primeira e a mais completa das mulheres.

Em Maria, somos duplamente abençoados. Nela, somos alcançados tanto pelo coração da mãe quanto pela vida do filho. Surpreendentemente, é possível ver em Maria tudo quanto pode nos completar e nos fazer plenos de alegria.

Imagino que boa parte da alegria que nos falta vem da incapacidade de ver como Isabel enxergava ao seu redor. A alegria se instalou no coração de Isabel após ver Maria. A visão que ela tem de Maria expulsa todo sentimento de infelicidade porque nela encontramos fonte de vida. Isabel sorri porque encontrou nos lábios de Maria um novo sorriso que produz vida.

O segredo de Isabel está no modo de olhar. Ela tem a mais clara percepção de que está diante de alguém especial. Nesse sentido, a sabedoria e a sensibilidade espiritual de Isabel fizeram com que seus olhos se abrissem e sua voz proclamasse palavras que honravam Maria.

Passamos por inúmeros problemas porque não conseguimos ver adequadamente. Tomados por uma cegueira espiritual, não conseguimos ver a bela presença de Maria à nossa frente e, com isso, nossos lábios emudecem. Isabel fala a partir do que vê. E nós, o que temos visto e falado?

Às vezes, falta-nos força em nossas gargantas para declararmos alto e bom som qual é a fonte do nosso bem-estar. Não é possível emudecer diante do "duplo bendito" dirigido a Maria. Do sagrado coração de Maria emana a força que provoca sensações de felicidade em nossos corações.

Oração do dia

"Meus olhos, Santa Mãe,
muitas vezes se encontram fechados,
impedindo-me de vê-la em sua plenitude.
Abra meus olhos e faça-me contemplar
o que olhos jamais viram."

15º Dia
INSPIRAÇÃO

ಸಿಂಧ

Lucas 1,43
Como posso merecer que a mãe do meu Senhor venha me visitar?

Mensagem

Algumas vezes, já me senti inferior a muitas outras pessoas. Quando isso acontecia, sentimentos apavorantes assumiam o controle da minha vida e me levavam a concluir que era, de fato, a pior e a menor das pessoas. Por quantas humilhações passamos durante a vida que nos tornam infelizes e fazem com que percamos o chão que nos dá estabilidade?

Sentimo-nos menores e não conseguimos recuperar nossas forças e seguir o caminho. Vemo-nos como que esgotados e sem condições de ser e de viver de forma adequada. É nessas horas, principalmente, que precisamos da presença de Maria.

Mas, percebam, Maria é especial porque pensa de forma especial. Ela se lembra de sua própria história de vida. Está marcada profundamente pela ação de Deus, que se tornou um exemplo vivo daquilo que Deus fez em relação a ela.

Ela traz à lembrança que Deus foi buscá-la lá na insignificante Nazaré. Por isso, quando ouve Isabel, sabe que a experiência dela também é a sua. "Como posso receber sua visita..." é a expressão mais bela daqueles que reconhecem que a vida e a presença de Deus se materializam bem à sua frente.

Não merecemos tão bela e poderosa presença, poderíamos pensar. Todavia, Maria assume a conduta do próprio Deus e se faz próxima. Isabel não entende como Maria poderia ali se fazer presente. Mas Maria sabia que somente junto a Isabel seria, de fato, Maria.

Isabel poderia se sentir pequena e inadequada. Mas Maria, com sua presença, dizia que aquele momento era somente dela e que deveria aproveitá-lo. Maria, dessa forma, joga por terra todo sentimento que poderia anular a presença e o poder de Deus em nós.

A visita de Maria não é para aqueles que se acham os melhores, mas sim para os pequenos e vulneráveis. Aqueles que nada são numa sociedade construída somente para aqueles que são.

Oração do dia

"Sinto-me pequeno, querida Mãe,
mas sua presença junto a mim me torna grande.
Obrigado, porque, em minha insuficiência,
encontrei a plena suficiência em ti."

16º Dia
INSPIRAÇÃO

ಸಾಡಿ

Lucas 1,44

Bem-aventurada aquela que acreditou, porque vai acontecer o que o Senhor lhe prometeu.

Mensagem

Há dias em que tudo parece dar errado. Às vezes, tenho a nítida sensação de que acordei com o pé esquerdo. Nada do que ocorre durante o dia traz a marca da alegria e do bem-estar. Vive-se um momento ruim desejando que o próximo momento não seja tão pior quanto o anterior.

Nesses dias, é muito difícil acreditar. Quando as situações da vida são encampadas pelo véu escuro da noite, perdemos até mesmo a possibilidade de crer. A sensação é a de que até mesmo Deus tenha nos abandonado e, por isso, gritamos: "Deus meu, Deus meu, por que me abandonaste?".

É a tristeza em forma de falta de esperança que se instala de forma profunda em nossos corações e aprisiona o olhar da fé. Cegos, não podemos ver a boa mão de Deus nos acompanhando e até mesmo enxugando carinhosamente as nossas lágrimas. Sem fé, não enxergamos a promessa feita desde a criação do mundo e deixamos de nos incluir na história de Deus, que também é a nossa história.

Maria acreditou, e isso fez toda a diferença. Sua fé trouxe novos, grandes e intensos raios de luz para a sua vida. A fé era sua força motriz e, a partir dela, as promessas de Deus se materializavam. Fé e promessa de Deus são como verso e reverso. Caminham juntas e juntas estimulam um novo modo de ser e viver como filho(a) de Deus.

Feliz aquele que acredita como Maria acreditou. Fico imaginando que Maria não acordava com o pé esquerdo. Seu despertar com o coração cheio de fé já indicava que as próximas horas seriam marcadas não pela ausência, mas pela presença da fé que vence todas as incertezas da vida.

Maria nos ensina que crer desperta confiança em possibilidades ainda não realizadas. Crer, portanto, significa ultrapassar os limites da realidade e buscar as possibilidades de vida que ainda não se realizaram. Dessa forma, os que creem se transformam em pessoas de possibilidade.

Oração do dia

"Senhor, Maria acreditou,
e isso fez toda a diferença na vida dela.
Também desejo que minha vida seja transformada.
Por isso, peço humildemente: Ensine-me a ter fé."

17º Dia
INSPIRAÇÃO

ଽටେ

Lucas 1,46

Então, Maria disse:
"Minha alma proclama a grandeza do Senhor".

Mensagem

Deus é grande! Essa é a proclamação que sai alto e bom som dos lábios de Maria. Todavia, é muito mais do que isso. Não são somente os lábios de Maria que proclamam a grandeza de Deus. Essa proclamação é feita com toda a sua vida. Formidável, Maria se dedica totalmente ao louvor total daquele que é infinitamente grande.

Adoramos e louvamos um Deus que é grande. No entanto, tenho a impressão de que não proclamamos aos quatro ventos a grandeza desse Deus que caminha ao nosso lado. Não falamos dele e, com isso, poucos podem testemunhar aquilo que Ele tem feito em nós, por nós e para nós.

A vida de Maria é a expressão mais viva do perfeito louvor. Ela não consegue ficar quieta. Toda a sua vida exige que o louvor seja proclamado. Ela não se cala. Não se reduz ao silêncio, reduzindo assim o poder transformador do testemunho.

A grandeza do Senhor não pode e não deve ficar refém daqueles que a experimentam. Afinal, as experiências com Deus precisam ser manifestas para que todos possam saber, conhecer e reconhecer que o Deus em que cremos é grande. Quando emudecemos nossos lábios, deixamos de irrigar os corações áridos daqueles que vivem afastados de Deus num quase eterno inverno existencial.

Nada mais sublime do que experimentar que Deus é grande. Essa experiência é espetacular na vida de Maria. Ela proclama aquilo que vive. Deus é grande para ela e, dessa forma, ela fala. Suas experiências com Deus não ficam trancafiadas em seu coração. Ao contrário, Maria exala Deus por todos os lados. Não vemos Maria agindo de forma egoísta, assumindo uma posição de privilegiada entre tantas pessoas supostamente desprivilegiadas. Ela vive plenamente a experiência de um Deus que é grande e nos convida a nos abrir para a grandiosidade desse Deus e, assim, ver as nossas vidas transformadas.

Oração do dia

"Que a minha vida seja testemunho vivo
do poder e da ação de Deus,
que transforma e refaz completamente a vida humana."

18º Dia
INSPIRAÇÃO

ಲಾಡ

Lucas 1,47
Meu espírito se alegra em Deus, meu Salvador.

Mensagem

Não é possível ver Maria com o semblante triste. A alegria é sua marca registrada. E, quando olhamos para ela, somos inundados pela mesma alegria. Qual era o segredo dessa mulher que soube cultivar o sorriso e a alegria mesmo diante de situações profundamente amargas?

Todas as pessoas buscam e desejam encontrar a alegria e, com ela, a felicidade. O grande problema para a maioria de nós que não a encontramos é porque procuramos nos lugares errados. Gastamos parte da nossa vida e das nossas energias procurando por caminhos que não nos levam a contemplar a felicidade e, ainda por cima, nos afastam cada vez mais dela.

Não entendemos as nossas necessidades e, por isso, caímos vítimas de desejos substitutivos. Dessa forma, passamos a maior parte da vida atrelando valor às coisas tangíveis: o modelo do carro, a grife de roupa e tantos outros objetos que julgamos muito valiosos. Desejamos aquilo que é finito e desprezamos aquilo que ninguém pode tirar de nós.

Maria fez a opção mais inteligente que um ser humano poderia fazer. Ela não atrelou sua vida e sua felicidade àquilo que ela poderia ou não poderia ter. Sua alegria estava depositada naquele que não tem sombra de variação e que é o mesmo ontem, hoje e eternamente. Seu depósito de alegria mais seguro é Deus. Tudo o mais pode passar, mas nunca passará a alegria colocada em sua dependência de Deus.

Deus, para Maria, é a fonte da alegria. Por causa disso, ela pode acordar todas as manhãs sabedora de que a alegria não depende do que ela poderá adquirir ou não naquele dia. A alegria dela está incrustada em seu próprio coração. Deus sorri dentro do coração de Maria!

Oração do dia

"Meu Deus e meu Tudo, transforme meu espírito
em fonte de alegria perene.
Permita-me que beba de sua fonte inesgotável
para que transborde de uma felicidade inenarrável."

19° Dia
INSPIRAÇÃO

ಸಲಿ

Lucas 1,48a
Porque olhou para a humilhação de sua serva.

Mensagem

A tradição bíblica nos ensina com riqueza de detalhes que Deus volta seus olhos para aqueles que ama. E Maria é alvo do amor de Deus e possui consciência de que Ele é o seu "cuidador".

O olhar de Deus é terapêutico. Um olhar que nos localiza não para punir, mas para abençoar. Deus não vive impassível nos céus, envolvido com as coisas que seriam próprias à divindade. Ao olhar para nós, demonstra o quanto somos importantes para Ele e o quanto necessitamos da comunhão que nos torna filhos(as) do Deus Todo-poderoso.

Todos aqueles que conseguem perceber essa verdade descobrem que não caminham sós. E, nesse sentido, Maria também sabe que Deus "olha para ela". Ela não se vê sozinha e isolada. O sentimento de solidão não a domina porque a presença de Deus o coloca em fuga. A espiritualidade de Maria é tremenda. Uma espiritualidade que está ligada às experiências do povo de Deus quando experimentavam o êxodo. Desde aquela época, cultivava-se a certeza de que Deus "olha" para seu povo, vigia-o como um guarda na noite escura.

Ainda que hipoteticamente muitos pudessem abandoná-la, havia a certeza em seu coração de que Deus estava observando-a. Deus era seu refúgio e fortaleza. Maria não caminhava sozinha, mas tinha forte convicção de que os olhos de Deus estavam carinhosamente voltados para ela.

Quando meditamos sobre essa verdade, somos tocados em nosso próprio espírito. Afinal, Deus olha para nós a cada dia. Sua companhia é constante, e sua proteção, perene.

Muitas vezes, o sentimento de solidão me invade. Nesses momentos, volto logo meus olhos para o céu a fim de encontrar com os olhos de Deus. É reconfortante acreditar que a ternura presente nos olhos de Deus é orvalhada diariamente em meu viver.

Oração do dia

"Obrigado, Senhor,
porque, entre tantas coisas para se contemplar
nesse mundo,
o Senhor preferiu voltar seus olhos justamente
em minha direção."

20º Dia
INSPIRAÇÃO

ಸಿಂಧ

Lucas 1,48b-49

Doravante todas as gerações me felicitarão, porque o Todo-poderoso realizou grandes obras em meu favor.

Mensagem

Gosto de pensar que faço parte das gerações que felicitam Maria. Aqui estou eu, poderia imaginar, uma pessoa normal como todas as outras; todavia, me vejo incluído na tradição que se alegra com a alegria de Maria. Por causa desse texto bíblico, me vejo cada vez mais extremamente próximo de Maria. Posso tocá-la e ser tocado por ela porque ela não está mais distante, mas se faz presente em meu coração.

As gerações felicitarão Maria porque o Todo-poderoso realizou grandes obras a seu favor. Ela reconhecia que seu Deus era Todo-poderoso. Em sua mente e coração, não havia espaço para alojar e adorar um deus pequeno e sem força. Seu Deus era o Todo-poderoso que já havia realizado prodígios na vida dela. Para Maria, um Deus Todo-poderoso não age de forma pequena e econômica. Ele é coerente com aquilo que é. Assim, Maria somente pode esperar grandes obras em sua vida.

Grandes obras fez o Senhor por nós, e por isso estamos alegres. Quem está disposto a reconhecer isso? Muitos desconhecem por completo o Deus que têm. Não sabem o poder que reside nele e muito menos se relacionam com Ele de uma forma muito próxima. Um Deus que é grande somente pode realizar coisas grandes.

Deus age a favor de Maria e age a nosso favor. A experiência que devemos viver e que nos é própria é a experiência de vivenciar Deus agindo em nosso dia a dia. Maria olha para si e vê marcas da ação de Deus em sua vida e em sua trajetória. Quais marcas vemos quando olhamos para nós e para a nossa história? Um dos mais belos exercícios de espiritualidade que podemos fazer é o de olhar para o nosso passado para contemplar as ações de Deus a nosso favor. A certeza de Maria era a de que Deus agia na história de cada pessoa. Um Deus que interfere em nossa biografia e nos marca com lembranças de suas ações. Mas temo que muitos cristãos vivem como se Deus não existisse ou que fosse um Deus distante.

Maria nos ensina que Deus está mais presente do que podemos imaginar e que sua ação é sempre muito mais do que poderíamos esperar. Deus quer realizar grandes coisas a seu favor. Mas não amanhã. Ele quer começar hoje!

Oração do dia

"Quando olho para a minha vida,
Senhor, para tudo quanto vivi,
não posso deixar de testemunhar alto e bom som:
a boa mão de Deus está comigo e agindo a meu favor."

21º Dia
INSPIRAÇÃO

ಸಾಡ

Lucas 1,49b-50

Seu nome é Santo e sua misericórdia chega aos que o temem, de geração em geração.

Mensagem

Um dos mais belos fatos da espiritualidade de Maria é que ela conhecia imensamente a Deus. Seu relacionamento e experiência com Deus não eram de ouvir falar. Ao contrário, Deus era para ela tão próximo que habitava em seu próprio coração. Quanto mais conhecemos uma pessoa, mais temos intimidade com ela. Assim eram Maria e seu relacionamento com Deus. Eram próximos, íntimos. Maria conhecia o coração de Deus, e Deus conhecia o coração de Maria.

Maria enxergava Deus cheio de santidade e de misericórdia. Duas percepções espetaculares e que faziam de Maria uma mulher excepcional. Para ela, o nome de Deus é santo. Nele, portanto, não há espaço para qualquer coisa que signifique profano. Deus é totalmente santo. Chamamos Deus por muitos nomes diferentes, mas dificilmente o chamamos de "santo". No entanto, Maria sabe e experimenta que aquele que é todo santo também é pleno de misericórdia. Assim, ela participa da santidade do próprio Deus.

Maria é santa porque o Deus em que ela confia é santo. Somos, na verdade, o mais puro reflexo daquilo que o próprio Deus é e manifesta. Em Deus nos tornamos santos, mas fora dele somos os maiores pecadores. Maria reconhece que a santidade e a misericórdia de Deus não são passageiras. Não são elementos que acabam. Ao contrário, a santidade e a misericórdia têm o DNA da eternidade e, portanto, nos alcançam onde estamos e da forma como nos encontramos.

A compreensão de Maria é espetacular. Ela é sabedora de que a misericórdia de Deus nos alcança. Não somos nós que vamos até ela, mas é ela que vem até onde nos encontramos e age em nós e por nós. Não fosse a misericórdia de Deus, não poderíamos permanecer diante dele e muito menos chamá-lo de santo. A misericórdia de Deus nos capacita a experimentá-lo e vivenciá-lo de uma forma totalmente nova.

Essa é a experiência de Maria. Uma mulher que viveu plenamente a misericórdia de Deus e, por causa dela, mergulhou como nenhuma outra pessoa na própria santidade de Deus para se tornar santa.

Oração do dia

"Obrigado, Senhor, por permitir que,
mesmo em minha pecaminosidade,
pudesse desfrutar do seu doce e santo amor."

22º Dia
INSPIRAÇÃO

ಸಿರ

Lucas 1,51-53

Então Maria disse:
"Ele realiza proezas com seu braço:
dispersa os soberbos de coração,
derruba do trono os poderosos e eleva os humildes;
aos famintos enche de bens
e despede os ricos de mãos vazias".

Mensagem

A espiritualidade de Maria é comprometida com a vida. Sua fé é construída a partir de sua própria história, ou seja, a fé não isola Maria dos assuntos do cotidiano, ao contrário, insere-a neles. Vive, por isso, uma fé responsável. Poderíamos dizer que ela vive uma fé socialmente responsável.

Sua fé não a leva a fugir da realidade deste mundo para um mundo de sonhos e devaneios. Maria vive a sua fé como testemunho da soberania libertadora de Cristo nos conflitos deste mundo.

As palavras de Maria revelam que a fé é um dos maiores instrumentos que temos para a conscientização da nossa missão. Ela não se vê a partir de uma fé intimista e que busca benefícios tão somente pessoais. Na verdade, a fé desperta nela a necessidade de ver a sociedade de uma outra forma. Da forma como o próprio Deus a vê.

Para muitos, a fé é percebida como algo que aliena e que impede os próprios passos. Todavia, Maria percebe a fé como algo que possibilita a transformação das estruturas. Nesse sentido, a fé tem como objetivo proteger e garantir a vida. Sendo assim, a fé não serve apenas para nos elevar até a Deus, muito mais do que isso, ela é o melhor caminho para que protejamos a imagem de Deus naqueles que são mais vulneráveis.

O braço de Deus realiza proezas em Maria. Mas devemos compreender que a ação de Deus não só alcança o indivíduo, mas também atinge profundamente as relações sociais que esses mesmos indivíduos vivem. Deus não está só na pessoa. Ele se encontra muito mais na comunidade. E esse seu braço poderoso inverte a lógica do pensamento comum.

As palavras de Maria confundem todos aqueles que pensam com a cabeça dos soberbos, poderosos e ricos. Essa é uma das grandes surpresas da espiritualidade de Maria. Ela nos apresenta um Deus que inverte os conceitos usuais e nos estimula a olhar da perspectiva debaixo. Nesse caso, os mais vulneráveis, ou seja, os humildes e os famintos, são, respectivamente, elevados e saciados. Enquanto os demais que se julgavam fortes e poderosos, são dispersos, derrubados e esvaziados.

Somente uma fé com responsabilidade social, como a de Maria, pode ter cantado e contado semelhante história.

Oração do dia

"Por muito tempo, Senhor,
pensei que a fé fosse um olhar apenas para Ti
e desviava o olhar de todos quantos me acompanhavam.
Hoje, quero dar graças a Ti porque descobri que a fé
não só me transforma,
mas também deseja alterar as estruturas injustas
da sociedade em que vivemos."

23º Dia
INSPIRAÇÃO

ೞಲ

Lucas 2,7

E Maria deu à luz o seu filho primogênito. Ela o enfaixou e o colocou na manjedoura, pois não havia lugar para eles dentro da casa.

Mensagem

Finalmente, o dia tão aguardado para qualquer futura mãe chegou. Os nove meses se completaram, e a criança celebrada e festejada pelos pais se encontra prestes a nascer.

Maria está ansiosa como qualquer mãe. É profundamente normal que o nível de ansiedade cresça nesse momento. No entanto, diferentemente de muitas mulheres e, possivelmente, igual a tantas outras, Maria não tem uma casa.

A situação pela qual Maria passa é difícil. Uma mulher com um recém-nascido e sem um lugar apropriado para ficar. Numa situação de extrema vulnerabilidade para ela, a falta de lugar também pode ser entendida como: "Pois não havia solidariedade no interior da casa". A boa hospitalidade sempre diz que "cabe mais um". Aperta-se aqui e ali e, no fim, todos são acomodados. Não há luxo, não há muito espaço, mas há suficiente calor humano passando por entre todas as pessoas.

Maria viveu uma experiência aterradora: descobriu que muitas vezes as pessoas, em vez de abrirem as portas, fecham-nas. Por que temos medo de abrir as portas a fim de abrigar as outras pessoas? O que nos faz tão indiferentes e insensíveis diante da dor dos outros?

Maria fica do lado de fora. Todos os outros estão lá dentro. Talvez relativamente bem instalados e acomodados. Mas Maria continua do lado de fora. Mas não pensem que ela foi contaminada pela insensibilidade daqueles que não queriam ajudá-la. Ali, junto com seu querido filhinho, o enfaixou cuidadosamente e o colocou na manjedoura. Ao ser rejeitada, Maria demonstra carinho e amor por seu filho. A insensibilidade dos outros não afeta o comportamento de Maria. Ela é aquela que cuida. Por isso, mesmo longe do interior da casa e distante de todos aqueles que lá se encontravam, ela transforma a manjedoura numa casa que protege tanto a ela como a seu filho. A falta de calor do interior da casa não consegue apagar a chama do amor que brota do seu sagrado coração.

"Não há lugar para você" era a expressão comum que se ouvia nos lábios das pessoas daquele tempo. Hoje, podemos nos expressar de uma forma diferente, convidando-a a transformar nosso coração num lugar acolhedor.

Oração do dia

"Venha, Santa Mãe, entre pela porta do meu coração e faça dele sua morada permanente."

24º Dia
INSPIRAÇÃO

ೞଓ

Lucas 2,22

*Terminados os dias da purificação deles,
conforme a lei de Moisés,
levaram o menino para Jerusalém,
a fim de apresentá-lo ao Senhor.*

Mensagem

A profundidade da espiritualidade de Maria é impressionante. Ela não somente possuía uma imensa preocupação consigo própria, mas também com o menino Jesus. Por isso, o leva a Jerusalém para apresentá-lo a Deus. Ela é a primeira e a maior de todas as catequistas. Mas, para ela, a catequese tem início na própria casa.

Quantas e quantas vezes desejamos catequizar os outros e nos esquecemos de nossas próprias casas. Esquecemo-nos de Jerusalém e percorremos outros caminhos. No entanto, para Maria não havia outro caminho senão aquele que levava para a casa de Deus.

A experiência de Maria é contundente: devemos pegar o caminho que leva à casa de Deus e, ali, nos apresentar e apresentar todos os que nos acompanham a Deus.

Possivelmente, hoje, Maria ficaria com seu coração entristecido por nos ver trilhando tantos caminhos que não nos aproximam da casa de Deus, mas que possivelmente nos afastam. Para ela não devia haver naquele momento nada mais emocionante e maravilhoso do que trilhar o caminho que levava de sua casa ao templo de Jerusalém.

Pelo caminho ia toda a sagrada família. Unidos, faziam o mesmo trajeto. Comungavam do mesmo ideal e da mesma espiritualidade. Para ela, não era possível iniciar a vida sem Deus, nem continuar a vida negando a Deus. Por isso, juntos percorrem o caminho que levava ao encontro do Deus da vida.

O comportamento de Maria é exemplar. Não mede esforços para indicar a seu filho que o único caminho verdadeiro é aquele que nos conduz ao coração do Pai. Nada mais belo do que ver uma mãe ensinando a seu filho o caminho que leva à fonte de toda sabedoria, poder e salvação.

Maria é a guia e a catequista de seu filho. Nela, ele encontra não somente a mãe, mas também a educadora que o conduz para o interior do próprio Deus.

Oração do dia

"Sábia Mãe, coloco-me aos seus pés
em busca de orientação.
Eduque-me como a um filho.
Ensine-me o que está em seu sagrado coração
como a um catequizando."

25º Dia
INSPIRAÇÃO

ಸಿಂ

Lucas 2,48

Ao vê-lo, seus pais ficaram emocionados.
Sua mãe lhe disse:
"Meu filho, por que você fez isto conosco?
Olhe que seu pai e eu estávamos angustiados,
à sua procura."

Mensagem

Maria era uma mulher que vivia intensamente suas emoções. Erramos quando tentamos vê-la como um grande bloco de gelo e, portanto, uma pessoa glacial e insensível. Ao contrário, ela era plenamente humana e deixava que suas emoções extravasassem. Ela não represava o que sentia. Mas sim manifestava seus sentimentos. Não ficava preocupada se a emoção e a angústia pudessem ser interpretadas como fraqueza por parte dela. Ela simplesmente vivia a sua humanidade e, porque respeitava as suas emoções, sentia-se uma pessoa sadia.

O coração de Maria é capaz de balançar de emoção, e a angústia, por alguns momentos, surge em seu coração. Nada mais humano, ela nos diria. Deveríamos estranhar se o comportamento dela fosse diametralmente oposto a esse, ou seja, se ela quisesse esconder seus sentimentos ou, ainda, se ela mesma não se sentisse "tocada" pela situação.

Fascina-me a ideia de que Maria se emocione diante das pessoas. Ela é, de fato, a mãe suprema que tem seus olhos marejados por causa das situações vividas junto a nós.

Fascina-me que a mãe de Jesus seja o retrato mais vivo e perfeito de uma mãe que se incomoda e se sente fortemente afetada com a ausência do filho que tanto ama. Fascina-me saber que a ausência dos seus queridos pode provocar altas e fortes emoções no coração de Maria.

Mas, acima de tudo, me fascina a sensação de que podemos nos encontrar com Maria e viver plenamente a realidade dos sentimentos que nos tornam mais humanos. Maria é humana e, por isso, se emociona e se angustia. Maria é divina e, consequentemente, vai ao encontro daqueles que ama.

Ao nos ver, Maria se emociona. Que mulher é essa que se emociona quando seus olhos se encontram com os nossos? Que graça irresistível é essa que nos alcança hoje e que ainda nos faz viver fortes emoções?

Maria está à nossa procura. E o encontro dos olhos dela com os nossos provoca os mais intensos sentimentos de amor que uma mãe poderia demonstrar.

Oração do dia

"Obrigado, querida Mãe Celestial,
por suas lágrimas vertidas a meu favor.
Sinto-me amado e, desesperadamente, digo:
preciso do seu amor."

26º Dia
INSPIRAÇÃO

ℰᘎℛ

Lucas 2,51

Jesus desceu então com seus pais para Nazaré, e permaneceu obediente a eles. E sua mãe conservava no coração todas essas coisas. E Jesus crescia em sabedoria, em estatura e graça, diante de Deus e dos homens.

Mensagem

Jamais houve uma mulher que apresentasse tanta profundidade de contemplação quanto Maria. Seu coração funcionava como o grande depósito das experiências vividas com Deus. Nele, ela registrava de forma cristalina e indelével cada uma das mais importantes vivências de sua vida. Seu coração era como um imenso jardim preparado para plantar boas sementes. Não havia no coração de Maria espaço para sementes ruins. No solo de seu coração vicejavam a graça, o amor e o poder de Deus.

Ao olhar para a experiência de Maria, imagino que tipos de sementes estamos plantando em nossos corações. Às vezes, tenho a impressão de que desperdiçamos o tão rico solo dos nossos corações para plantar ervas daninhas, que, aos poucos, transformam o jardim num ambiente inóspito.

Todavia, algo ainda mais essencial é saber que Maria considerava tudo isso: não colecionava informações sem sentido, não acumulava lixos emocionais ou experiências desastrosas e amargas empilhadas no coração. Na verdade, ela conservava e protegia tudo quanto amava e lhe fazia bem. Afinal, essa deve ser também nossa conduta: tudo quanto prezamos e que possui importância permanece registrado e protegido no mais interior do nosso coração.

Mas conservar não pode ser entendido apenas como abrigar, isolar ou manter afastado. Conservar também possui o sentido de praticar. Não apenas guardar o que nos faz bem, mas permitir que aquilo que nos faz bem transforme o cotidiano. E, para transformar, faz-se necessário deixar a porta do coração bastante aberta.

Maria nos diz que, por mais que consideremos os ensinamentos de Deus sobre o amor, o perdão e a salvação impressionantes, se tudo isso não for vivido, esses sentimentos continuarão a ser mera abstração. Maria trazia em seu coração aquilo que ela já vivia em seu dia a dia. Aquilo que estava em seu coração se projetava para sua experiência do cotidiano, e a sua experiência do cotidiano era o mais visível reflexo do que havia em seu coração.

Oração do dia

"Meu Deus e meu Tudo,
o que anda pelo meu coração
a não ser o desejo de viver plenamente
para servi-lo com toda a força da minha alma?"

27º Dia
INSPIRAÇÃO

João 2,3-5

Faltou vinho, e a mãe de Jesus lhe disse:
"Eles não têm mais vinho!".
Jesus respondeu:
"Mulher, que existe entre nós?
Minha hora ainda não chegou".
A mãe de Jesus disse aos que estavam servindo:
"Façam o que ele mandar".

Mensagem

Maria é a discípula das discípulas. Ela assume o discipulado como estilo de vida e, assim, seus gestos, suas palavras, seus sentimentos, seu jeito de ser-viver-fazer estão direcionados para o próprio Jesus. Maria é a mãe de Jesus, mas também se apresenta como discípula dele.

Maria vive para Jesus não apenas porque ele é seu filho, mas porque é sabedora de que ele é o Filho de Deus e o Salvador do mundo. Dessa forma, a primeira das discípulas dá o tom do que vem a ser o verdadeiro discipulado: fazer a vontade de Jesus.

Muitos cristãos desejam a vida de Cristo sem o discipulado. Querem tudo quanto Jesus pode lhes dar, desde que não haja o seguimento e o compromisso. Na verdade, amamos Jesus e tudo o que ele fez por nós, porém nos incomodamos com aquilo que ele nos manda fazer.

A expressão de Maria revela-nos uma verdade singular: Jesus sempre se apresenta na relação conosco como Senhor e, consequentemente, deveríamos fazer tudo o que ele nos ordenar. Às vezes, temos a tendência, e em muitos casos a pretensão, de inverter essa situação e, dessa forma, nos apresentar como aqueles que determinam o que Jesus pode ou não fazer em relação a nós.

Queremos a plenitude de Jesus em nós, mas temos dificuldades de nos dedicar completamente a ele. A espiritualidade vivida por Maria segue numa direção oposta à nossa e, por isso, indica o bom caminho pelo qual devemos viver o discipulado. Para ela, o discipulado é a marca que distingue o verdadeiro do falso discípulo. Nesse sentido, a obediência e o desejo de servir se apresentam nela como elementos que a tornam uma discípula por excelência.

Obediência e serviço estão impregnados na maneira como Maria vivia. Eram como irmãos gêmeos que indicavam a melhor maneira de ser e fazer discípulo.

Oração do dia

"Ensine-me a ser discípulo, Senhor,
e a fazer discípulo.
Seja para mim meu Mestre supremo,
meu Modelo, meu Líder, meu Tudo,
para que reflita, como bom discípulo,
a beleza da sua graça."

28º Dia
INSPIRAÇÃO
ℰꙮꙬ

João 19,25-27

A mãe de Jesus, a irmã da mãe dele,
Maria de Cléofas, e Maria Madalena
estavam junto à cruz.
Jesus viu a mãe e, ao lado dela, o discípulo que ele amava.
Então disse à mãe:
"Mulher, eis aí o seu filho".
Depois disse ao discípulo:
"Eis aí a sua mãe".
E dessa hora em diante,
o discípulo a recebeu em sua casa.

Mensagem

Nada substitui a atitude de receber Maria em nossa própria casa. Se num momento de sua vida ela não tinha lugar para ficar, agora o lugar se apresenta de fato e de verdade. A casa de João é a casa de Maria. A graciosidade do texto emociona: o melhor lugar para Maria ficar é a casa onde moramos.

João recebeu Maria como se fosse a sua própria mãe. A comunidade se fez presente. João e Maria, discípulos do mesmo Jesus, unem-se pelos laços da fraternidade e, juntos, vivem a comunhão dos que seguem a Cristo.

A casa de João é a casa de Maria, e a casa de Maria é a casa de João. Não se isolam, mas vivem a unidade que é a marca da família de Deus. Unidos, eles têm mais força e coragem para viver no caminho da fé.

João abre a porta de sua casa para Maria. Contudo, muito mais do que isso, ele tem uma atitude mais fundamental e anterior a essa atitude física de abrir a porta de sua casa. João, o discípulo amado, abriu seu próprio coração para que Maria ali vivesse a sua vocação de mãe.

Certamente que a vocação de Maria como mãe é melhor e mais intensamente vivenciada e experimentada no interior de nossas casas. O ato de receber Maria nos leva a compreender o mistério divino que cerca essa maravilhosa mulher que pode ser hóspede permanente em nossas casas.

A simplicidade das palavras do Evangelho não consegue esconder a enorme força do seu conteúdo. Afinal, receber ou não Maria em nossas casas pode ser, certamente, a diferença entre hospedar aquela que é bem-aventurada ou viver à procura da felicidade ilusória.

Oração do dia

"Apenas uma única e humilde palavra para você, Santa Maria:
Entre!"

29º Dia
INSPIRAÇÃO

Atos 1,12-14

Os apóstolos voltaram para Jerusalém,
pois se encontravam no chamado monte das Oliveiras,
não muito longe de Jerusalém: uma caminhada de sábado.
Entraram na cidade e subiram para a sala de cima,
onde costumavam hospedar-se.
Aí estavam Pedro e João, Tiago e André, Filipe e Tomé,
Bartolomeu e Mateus, Tiago, filho de Alfeu,
Simão Zelota e Judas, filho de Tiago.
Todos eles tinham o mesmo sentimento
e eram assíduos na oração,
junto com algumas mulheres,
entre as quais, Maria, mãe de Jesus,
e com os irmãos de Jesus.

Mensagem

Maria se encontra onde o povo de Deus está reunido. Ela não vive distante como se a vida da comunidade também não fosse sua própria vida. Na verdade, Maria somente se reconhece como vocacionada por Deus a partir do encontro com a comunidade. E, exatamente por isso, onde o povo de Deus estiver reunido, ela lá estará.

Mas devemos perceber que ela não é mera expectadora nos encontros da comunidade. A percepção que possui a anima; consequentemente, ela participa e vive o mesmo sentimento de todos. Podemos dizer que havia sintonia entre Maria e todos aqueles que estavam reunidos naquela sala.

A expressão de espiritualidade de Maria é fundamentada na comunhão. Ninguém pode construir a espiritualidade e cultivá-la afastando-se de todos os demais. Ao contrário, espiritualidade exige aproximação, e a aproximação gera a comunhão entre os filhos e filhas de Deus.

Maria vive em comunhão com os irmãos e irmãs. Tem o mesmo sentimento que todos os outros. Está integrada à Igreja. Faz parte dela. A missão da Igreja é a mesma missão que está no coração de Maria.

Contudo, Maria não se apresenta apenas como alguém que vive a comunhão fraterna, ela é também mulher de oração. É uma discípula da primeira hora. A oração é para Maria como o alimento diário. Faz da oração o firme fundamento de sua sólida espiritualidade.

Maria era uma mulher de oração. Ela nos dá o exemplo do que acontece quando oramos. Seu exemplo nos instrui a respeito do poder da mulher que ora: podemos imaginar o poder da mulher que ora e que torna o impossível possível; podemos ainda imaginar o poder da mulher que ora e enxerga possibilidades onde todos enxergam impossibilidades. Tudo pode ser mudado pela oração, e nada mudará sem uma vida de oração.

Maria fez da comunhão e da oração os alicerces de sua vida. Nenhuma tempestade poderia desestabilizar quem possuía tão sólidos fundamentos. E, com isso, ela nos diz para fundamentarmos nossas vidas naquilo que é essencial: a comunhão com comunidade e com Deus através da oração.

Oração do dia

"Não deixe, Senhor,
que me afaste da comunhão da Igreja e do poder
que há na oração.
Desejo viver plenamente integrado à Igreja
e plenamente envolvido com a oração."

30° Dia
INSPIRAÇÃO

֍

João 2,11-12

*Foi assim, em Caná da Galileia,
que Jesus começou seus sinais.
Ele manifestou a sua glória,
e seus discípulos acreditaram nele.
Depois disso, Jesus desceu para Cafarnaum
com sua mãe, seus irmãos e seus discípulos.
E aí ficaram apenas alguns dias.*

Mensagem

Algo que me chama a atenção na vida de Maria é que ela está sempre presente nos momentos decisivos da vida de Jesus. Dessa forma, ela se encontra ao lado dele em Caná – quando ele faz seu primeiro milagre – e também se encontra junto à cruz – ao final de sua missão.

Nos principais e mais cruciais momentos de sua vida, Jesus podia contar com a força e o carinho de sua mãe. Sabia que os olhos dela estavam acompanhando-o e, certamente, por causa disso, era tomado por grande poder e energia. A presença da mãe tranquilizava seu coração e passava um sentimento de confiança.

Momentos decisivos todos nós vivemos. Situações que exigem muito de nós e que, por isso mesmo, nos deixam um tanto quanto inseguros. Diante dessas situações podemos ter a certeza de que a boa mãe estará nos acompanhando. Seus olhos puríssimos estarão voltados para nós a fim de transmitir segurança e conforto para a melhor decisão.

Maria esteve com Jesus tanto no primeiro quanto no último momento. Sua presença abrange todo o tempo e todo o espaço. Do início ao fim Maria nos acompanha. Não há situações, dias, locais etc. em que não possamos sentir a presença de Maria nos acompanhando.

Em meio às situações que nos constrangem, faz-se necessário acreditar que, ao nosso lado, está alguém que nos acompanha a todo instante e, o mais importante, que não nos abandona.

Crer na presença de Maria nos impele a confiar que, em todas as situações que vivemos – por mais alegres ou críticas que possam ser –, ela estará ao nosso lado seja celebrando a vitória que obtivemos, seja enxugando as lágrimas dos nossos olhos e nos consolando com seu amor materno e eterno.

Oração do dia

"Santa Mãe, necessito de sua companhia.
Desde as primeiras horas em que acordo
até a última em que me recolho,
sua presença se faz necessária.
Não me imagino sem a sua doce presença,
e só em imaginar tal situação
uma grande onda de desconforto invade meu coração.
Fique, Santa Mãe, ao meu lado, permanentemente."

SUMÁRIO

ℰℛ

Apresentação 5
1º Dia - Mateus 1,18 7
2º Dia - Mateus 1,22 9
3º Dia - Mateus 2,11 11
4º Dia - Mateus 2,13 e 19-20 13
5º Dia - Lucas 1,26 17
6º Dia - Lucas 1,28 19
7º Dia - Lucas 1,29-31 21
8º Dia - Lucas 1,34 23
9º Dia - Lucas 1,35 25
10º Dia - Lucas 1,36 29
11º Dia - Lucas 1,37 31
12º Dia - Lucas 1,38 33
13º Dia - Lucas 1,39 35
14º Dia - Lucas 1,42 37
15º Dia - Lucas 1,43 39
16º Dia - Lucas 1,44 41
17º Dia - Lucas 1,46 43
18º Dia - Lucas 1,47 45
19º Dia - Lucas 1,48a 47
20º Dia - Lucas 1,48b-49 49
21º Dia - Lucas 1,49b-50 51
22º Dia - Lucas 1,51-53 53
23º Dia - Lucas 2,7 55
24º Dia - Lucas 2,22 57
25º Dia - Lucas 2,48 59
26º Dia - Lucas 2,51 61
27º Dia - João 2,3-5 63

28º Dia - João 19,25-27 65
29º Dia - Atos 1,12-14 67
30º Dia - João 2,11-12 69